„Dieses Buch soll den Christen ermuntern seinen Glauben im Alltag wiederzufinden. Mit den wissen das Jesus Christus mit uns geht können wir viele Situatonen leichter ertragen. Die Gewissenerforschung soll helfen, sich wieder auf das wesentliche im Alltag zu konzentrieren und die Nächstenliebe zu praktizieren. "

Impressum

Copyright by Florian Wild

Herstellung und Verlag: Books on
Demand GmbH, Norderstett

ISBN-13:9783837057720

Jesus Christus im Alltag

Zeit zur Gewissenserforschung

von Florian Wild

Was würden sie sagen
wenn sie plötzlich vor
Jesus stehen würden?
Was würde Er sagen?

Ich frage mich oft was
ich in dieser
wahrscheinlich
unrealistischen Situation
sagen würde. Nichts.
Stummes schweigen.
Angst, und unwissen
würde sich ausbreiten.
Berechtigt?

Ich gestehe

Im wahren Alltag habe
ich Ihn immer bei mir. Ja
ich gestehe, ich glaube an
Jesus Christus, an die
Katholische Kirche und
allen ihren Heiligen und
seligen, ganz nach der
Aufforderung von Jesus
in der Heiligen Schrift,
„Aufforderung zu

furchtlosem Bekenntnis"
Mt 10, 16-39

Oft verleugne ich dies, wenn ich mit gleichaltrigen unterwegs bin. Dann schäme ich mich dafür. Die meisten in meinen Umfeld wissen nichts von dem Geheimen Beruswunsch, von meiner Vergangenheit, einer Vergangenheit im Kloster. Mein Berufswunsch? Priester.

Ja ich würde alles darum geben Theologie zu studieren und Priester zu werden. Weit entfernt? Unentschlossen?

Eintritt ins Kloster

Schon als kleines Kind waren meine größten Berufswünsche Pfarrer und Arzt. In diesem Alter wusste ich nicht, dass es eigentlich nicht schwer

ist, beides zu vebinden.
Es gibt ja schließlich
Hospitalorden, und
Kirchliche Verbände.
Diese lernte ich aber erst
spät kennen.

Zuerst musste ich ja
meine Schulische
Laufbahn beenden. Und
diese sah nicht rosig aus.
Für ein Studium reichte
sie auf keinen Fall. So
blieb mir eigentlich nur
ein Handwerksberuf
übrig, den ich erlernte

und mit dem Gessellenbrief abschloss. Aber irgendwas war da. Es ließ mich nicht los. Ich beschäftigte mich zu dieser Zeit wenig mit der Kirche vielmehr mit Sport und diversen Sammelleidenschafen.

Irgendwann überkam mich der Entschluss mich beruflich umzuorientieren. In die Soziale Richtung sollte es schon gehen. Das

Medium Internet, bot mir eine Fülle mit sozialen Berufen. Zum Beispiel Heilerziehungspfleger. Ja das konnte ich mir gut vorstellen. Zusammen mit Behinderten arbeiten, sie betreuen, ja das gefiel mir. Und da gab es doch eine Einrichtung mit einer Schue und die wurde noch von einem Orden betrieben. Feuer und Flamme war ich, schrieb eine Bewerbung und wartete.

Ja ich hätte sogar ein Vorstellungsgespräch bekommen, aber ich hatte mich vorher über den Orden erkundigt, via Internet natürlich. Jetzt hatte ich ein Schnupperwochenende mit dem dortigen Magister vereinbart und ich weiß nicht warum, aber ich lehnte das Vorstellungsgespräch mit dem Heimleiter ab, mit der Begründung ich trete eh in den Orden ein. Ohne die Brüder zu kennen, ohne eine Entscheidung abzuwarten, nein für mich stand es fest.

Kurz nach Weihnachten fand dieses Beschnuppern in der Bayerischen Hauptsstadt statt. Ja es war schon ungewöhnlich aber doch sehr schön. Etwas

„langweilig" fand ich damals die Gebete. Beim Rosenkranz am Abend bin ich doch glatt eingeschlafen, aber was solls sie haben es mir verziehen.

Es dauerte doch noch bis zum März des nächsten Jahres, als ich ins Kloster als Postulant einzog. Es war schon eine schöne Zeit, war es doch endlich wahr geworden, geistlisches mit sozialem zu vebrinden. Denn ich arbeitete natürlich als „Praktikant" im Münchner Krankehaus mit.

Und ca. Ein dreiviertel Jahr später war es dann so weit, die von mir lang ersehnte Einkleidung. Das heiß ich bekam den Habbit, das Ordensgewand, mit mir ein weiterer Postualnt der im laufe des Jahres dazukam.

Doch mit diesem Fest kam auch die Verabschiebung von meiner Familie und damaligen Konvent wo ich wohnte. Denn einen Tag nach der Übergabe des Gewandes, kam der Umzug ins Noviziat, in die Steierische Hauptstadt Graz. Und somit begann ein neues Kapitel, aber auch langsam der Verfall der Freude am Ordensleben.

Es ging jetzt natürlich auch ein bißchen strenger zu. Unterricht, Arbeit im Krankenhaus, Gebet, Messe, oft einfach ein bißchen zu viel. Das einzige was sich immer mehr gesteigert hat ist die Freude an Jesus Christus.

Wenn nach dem letzten Gebet, der Komplet, das Kirchliche Abendgebet, eine herrliche Ruhe im Noviziatshaus aufkam, konnte ich mich richtig auf den Glauben konzentrieren, auf das was ich eigentlich im Kloster suchte. Das zwiegespräch zwischen mir und Gott.

So suchte ich immer mehr die einsamkeit, um diese Gespräche führen zu können. Heute weiss ich das es falsch war und auch ein Grund dafür war das ich austrat.

Nun kann ich dieses Zwiegespräch überall haben, selbst wenn neben mir ein Flugzeug starten würde.

Ja meinen Austritt, bereue ich heute schon ein wenig, sind doch meine zwei größten Beruswünsche wieder ziemlich weit entfernt von mir. Aber ich habe

gelernt was es heist
wirklich ruhe zu finden.
Und meistens ist es halt
vor dem zu Bett gehen.
Und glauben sie mir es
reicht eine halbe Stunde,
um den glauben für sich
„aktiv" zu leben.
Und Erfüllung darin zu
finden.
Probieren sie es aus.

Nehmen sie einen
beliebigen Text aus der

Heiligen Schrift, lesen
sie ihn und meditieren sie
eine weile. Versuchen sie
das gelesene in eigene
Worte zu fassen oder
sich Bilder vorzustellen.

Sollten sie nicht zu den
Medietierenden gehören,
empfehle ich das
Stundenbuch der Kirche.

So nun kennen sie mich
ein wenig und sie wissen
das ich dies nicht aus

Spaß schreibe sondern deswegen, um jeden zu ermutigen Jesus Christus für sich zu finden, den Glauben für sich zu leben, ohne aber zu vergessen das sie noch Mitmenschen haben, die ihre Hilfe benötigen, und die sie vielleicht auch wieder zum Glauben zurückführen können. Ich denke das dies eine wichtige aufgabe für jeden christen ist.

Gewissenserforschung

Nun zum eigentlichen Thema.Der glaube an Jesus Christus im Alltag. Wenn ich mir die Heilige Schrift durchlese bin ich immer wieder erstaunt was die Menschen damals aushalten mussten, aber auch was sie alles geleistet haben. Nimmt man die Schrift beim Wort, haben wir die Perfkte Anleitung zu einem Friedlichen leben,einem Beispielhaften Zusammenleben, die Anleitung für den anderen da zu sein, Nehmen wir zum Beispiel den Barmherzigen Samariter. Aus dem Evangelium nach Lukas 10, 25-37 *„Da stand ein Gesetzeslehrer auf, und um Jesus auf die Probe zu stellen, fragte er ihn: Meister, was muss ich*

tun, um das ewige Leben
zu gewinnen?

26 Jesus sagte zu ihm:
Was steht im Gesetz?
Was liest du dort?

27 Er antwortete: Du
sollst den Herrn, deinen
Gott, lieben mit ganzem
Herzen und ganzer
Seele, mit all deiner
Kraft und all deinen
Gedanken, und: Deinen
Nächsten sollst du lieben
wie dich selbst.

28 Jesus sagte zu ihm:
Du hast richtig

geantwortet. Handle danach und du wirst leben.

29 Der Gesetzeslehrer wollte seine Frage rechtfertigen und sagte zu Jesus: Und wer ist mein Nächster?

30 Darauf antwortete ihm Jesus: Ein Mann ging von Jerusalem nach Jericho hinab und wurde von Räubern überfallen. Sie plünderten ihn aus und schlugen ihn nieder; dann gingen sie weg und ließen ihn halb tot liegen.

31 Zufällig kam ein Priester denselben Weg herab; er sah ihn und ging weiter.

32 Auch ein Levit kam zu der Stelle; er sah ihn und ging weiter.

33 Dann kam ein Mann aus Samarien, der auf der Reise war. Als er ihn sah, hatte er Mitleid,

34 ging zu ihm hin, goss Öl und Wein auf seine Wunden und verband sie.

Dann hob er ihn auf sein Reittier, brachte ihn zu einer Herberge und sorgte für ihn.

35 Am andern Morgen holte er zwei Denare hervor, gab sie dem Wirt und sagte: Sorge für ihn, und wenn du mehr für ihn brauchst, werde ich es dir bezahlen, wenn ich wiederkomme.

36 Was meinst du: Wer von diesen dreien hat sich als der Nächste dessen erwiesen, der von

den Räubern überfallen wurde?

37 Der Gesetzeslehrer antwortete: Der, der barmherzig an ihm gehandelt hat. Da sagte Jesus zu ihm: Dann geh und handle genauso!

Seien sie ehrlich. Würden sie auf der Straße anhalten, einen Blutüberströmten Mann ins Auto packen, mit ihm zum Krankenhaus fahren

und für ihn zu bezahlen,
weil er nicht Versichert
ist, oder ihm alles
gestohlen wurde?
Würden sie seine
Wunden reinigen mit
ihren Frisch eingekauften
Waren?
Finden sie dieser
Vegleich ist Übertrieben,
oder glauben sie das
kann ihnen nicht
passieren?
Ich denke in den
Nachrichten wird uns
tagtäglich gezeigt das es

jedem von uns passieren kann Opfer oder Ersthelfer zu werden. Meine erste Erfahrung als Ersthelfer war bei einem Suizidopfer, der von einer Autobahnbrücke sprang. Lange kam keiner der mir half oder mir zu Seite stand. Ja ich ekelte mich im ersten Moment davor ihn anzufassen. Aber ich musste es tun, es ist meine Pflicht. Ihm gegenüber, aber auch meinem Gewissen gegenüber. Erst tage danach dachte ich an die Gefahr in der ich mich befand. Abends auf der freien Autobahn, allein mit einem Schwerstverletzten. Gott sein Dank ist nichts schlimmeres passiert.

Auch der Barmherzige Samariter befand sich in Gefahr, die Räuber hätte zurückkommen können. Dachte er daran?

Erforschen sie einmal ihr gewissen im Hinblick zu dieser Bibelstelle, was würden sie in dieser Situation tun.

Würden wir die Schrift beim Wort nehmen, müssten wir in jedem der uns Begegnet Gott sehen. Ja in jedem, auch in der Schwiegemutter, im Nachbarn und sogar in unserem Chef. Denn in

Genesis 1,26 steht geschrieben" Dann sprach Gott: *Lasst uns Menschen machen als unser Abbild, uns ähnlich.*" Ja wir sind Abbild Gottes. Also warum Krieg, Verbrechen? Warum töten wir Gott?

Mir fällt es selber oft schwer, in jedem Menschen Jesus oder seinen Gott- Vater zu sehen. Oft überwiegen Gefühle, obwohl mein Verstand und vor allem mein Glaube mich anderes lehrt. Aber wir sind halt Menschen, mit Emotionen. Auch Jesus hatte seine Emotionen und lief ihnen freien lauf. *„Jesus Christus war Gott gleich hielt aber nicht daran fest, sonder er entäußerte sich und wurde Mensch wie ein Sklave", Philliper 2.6-7.*

Er war, oder ist Teils Mensch, teils Gottes Sohn. Und dies können wir in der Heiligen Schrift auch lesen.

Ich möchte zunächst seinen Menschlichen Teil ansprechen, und zugleich zeigen wie wir im Alltag daraus lernen können.

Jesus zeigt in einigen Textpassagen typisch Menschliche Gefühle. Nehmen wir znächst eines das uns im Alltag doch häufiger begegnet.

Wut

Aus dem Evangelium nach Markus 11,15-19

Dann kamen sie nach Jerusalem. Jesus ging in den Tempel und begann, die Händler und Käufer aus dem Tempel hinauszutreiben; er stieß die Tische der Geldwechsler und die

Stände der
Taubenhändler um
16 und ließ nicht zu, dass
jemand irgendetwas
durch den Tempelbezirk
trug.

Ja da war Jesus wirklich Sauer. Er lehrte sie doch das sein Haus ein Haus des Gebetes sein soll, es jedoch zu einer Räuberhöhle heruntergekommen ist.

Es ist ärgerlich wenn

etwas was man als Heilig betrachtet erniedrigt wird. Jeder hat ja seine kleinen „Heiligtümer". Haben sie schon mal über eines von ihrem besten Freund gelacht? Hat er verzweifelt versucht es zu erklären, während sie weiterlachten? Es ist an der Zeit für eine weitee Gewissenserforschung!!

Noch ein Gefühl zeigt Jesus ganz deutlich, und das hat auch schon jeder von uns, mich selber nicht ausgenommen.

Weinen

Hat es früher nicht mal geheisen Männer weinen nicht? Hat man damals die Bibel noch nicht gekannt?

Im Johannes Evangelium

steht es deutlich: „Da weinte Jesus".

Aus dem Evangelium nach Johannes 11,35

33 Als Jesus sah, wie sie weinte und wie auch die Juden weinten, die mit ihr gekommen waren, war er im Innersten erregt und erschüttert.
34 Er sagte: Wo habt ihr ihn bestattet? Sie antworteten ihm: Herr, komm und sieh!
35 Da weinte Jesus.
36 Die Juden sagten: Seht, wie lieb er ihn hatte!

Doch was diese Situation wieder besonders macht, ist das Jesus trotz seiner Trauer weiter wirkte. Er nahm es nicht einfach hin, das Lazarus tot war. Nein vor trauer und Mitleid, erweckte er seinen besten Freund wieder zum Leben. Sicherlich eine Gabe die uns nicht gegeben wurde. Aber es ist ein Beispiel dafür wie wir unseren Alltag auch in schwierigen Situationen meistern können. Wir dürfen Gefühle nicht in uns hineinfressen, bis zum Magengeschwür wir müssen sie rauslassen, aber gleichzeitig weiter wirken. Beim Tod eines geliebten Menschen ist es natürlich, das man Antriebsgeschwächt ist und man eigentlich den Sinn des weiteren tuns überflüssig findet. Dann kann es passieren das man seine nächsten und seinen Job vernachlässigt, und dann die Problemem noch größer werden. Trauern, weinen, wirken.

Im Alltäglichen Leben findet man ein weit verbreitetes Gefühl, Entäuschung. Wie gehen wir damit um? Wie wurde ich schon einmal entäuscht? Genau sie haben es erfasst, Zeit zur Gewissenserforschung.

Als Jesus am Holze des Kreuzes hing, und er seinen Tod näher kommen sah, brachte er seine Entäuschung, seine Angst in wenigen Worten zum Ausdruck.

Aus dem Evangelium nach Markus 15,33-41

Eloi, Eloi, lema sabachtani? Mein Gott, mein Gott, warum hast du mich verlassen?

Oh mein Gott, wie kannst du mir das nur antun? Wer hat das von uns nicht schon einmal gesagt.Obwohl Jesus wusste was mit ihm passieren wird, erhebt er in seiner Todesstunde noch einmal das Wort. In meiner Zeit als Novize arbeitete ich ja, wie schon erzählt im Krankenhaus. Hier war es tagtäglich zu hören, warum Bruder muss ich

denn jetzt schon sterben.
Ich konnte nie eine
Antwort drauf geben. Ist
es Gottes wille? Ist es das
ungesunde Leben das der
Patient führte? Wer weiß
das.

Wir wissen nur das
irgendwann die Stunde
kommt.
Wut, Trauer und
Entäuschung werden uns
das Leben nicht
verlängern. Aber Freude
und Liebe zum nächsten,

die Liebe zu Gott und Jesus Christus werden unser Leben erfüllter machen. Jemanden ein Lächeln schenken, jemanden zu helfen und ihn trösten oder ihn zu beruhigen wird unserer Erinnerung an unser Leben in der Stunde der Ewigkeit ermuntern. Ich habe viele Menschen kennengelernt, die sich in den hintern hätten treten können, weil sie sich nie mit ihrer Familie ausgesöhnt haben, und es nun zu spät ist. Keine schöne Erinnerung an das Leben, oder?

Wollen wir zur letzten Gewissenserforschung kommen. Wie kann ich mein Leben in Zukunft schöner gestalten.

Ich brauche keine Million, um glücklich zu sein. Ich brauche dafür meine Familie, meinen

Beruf, meine Hobbys und vor allem meinen Glauben. Das Gebet, die Meditation und Gewissenserforschung, das Zwiegespräch mit Gott und Jesus Christus, und das Erfreuen an der Schöpfung Gottes, genügen mir mein Leben kunterbunt und angenehm zu gestalten.

Ich habe Wut, Trauer und Entäschung. Ich weine auch. Aber ich wirke immer weiter, nach dem Vorbild Jesu Christi.

Wollen wir uns nun einmal kurz den göttlichen Teil von Jesus anschauen. Er ist ja teils Mensch, teils Gott.

Im Neue Testament steht zum menschlichen Teil:

Gott hat einen von uns, nämlich Jesus, seinen Knecht, mit Heiligem Geist erfüllt

und zum Herr gemacht.
Apostelgeschichte 2,36
Bei Philipper 2,6-7 steht
geschrieben:

*„Er war Gott gleich,
hielt aber nicht daran
fest, wie Gott zu sein,
sondern er entäußerte
sich und wurde wie ein
Sklave und den
Menschen gleich."*

Zum Göttlichen steht
geschrieben:

Der Sohn Gottes- wahrer Gott wie der Vater und von Ewigkeit her bei ihm- ist in Jesus von Nazareth ganz Mensch geworden.

Und im Johannesevangelium steht:

Und das Wort ist Fleisch geworden und hat unter uns gewohnt, und wir haben seine Herrlichkeit gesehen, die Herrlichkeit des einzigen Sohnes vom Vater, voll Gnade und Wahrheit. Johannes 1,14

Schon allein wenn wir Herr Jesus Christus sagen, kann man Gott und Mensch erkennen. Denn der Titel Herr steht allein Gott zu. Also muss es bedeuten das er Gott neben Jahwe ist. Zum zweiten ist noch, das Herr auch der Titel der damaligen römischen Kaiser war. Also nahmen die Christen den Titel für Jesus Christus in Anspruch und bekannten: In Jesus ist nicht nur Gott gegenwärtig. Er ist auch der Herr, der Kyrios der Welt.

Jesus möchte eine neue Form der Herrschaft verwirklichen, so sagt er: „Ich aber bin unter euch wie der, der bedient."
(Lk 22,27)

„Du allein bist der

Heilige, du allein der Herr, du allein der Höchste; Jesus Christus, mit dem Heiligen Geist, zur Ehre Gottes des Vaters. Gotteslob 354/1

„Nutzen sie einige freie Minuten dazu, ihr Gewissen zu prüfen. Aber machen sie sich kein schlechtes Gewissen wenn sie einmal anders handeln. Auch das Glauben und aus dem glauben zu leben muss gelernt werden. Und diese Schule werden wir wohl bis zur letzten Stunde besuchen."